AF263488

LES CALOMNIES

CONTRE

L'EMPIRE

—

PARI de 25,000 FRANCS
Contre 25,000 SOUS

PROPOSÉ PAR

M. DUGUÉ DE LA FAUCONNERIE
Candidat IMPÉRIALISTE

A

M. CHEVAUCHÉ
Candidat RÉPUBLICAIN

—

PARIS

IMPRIMERIE F. DEBONS ET Cie

16, RUE DU CROISSANT, 16

—

1874

LES CALOMNIES

CONTRE

L'EMPIRE

———

M. Dugué de la Fauconnerie adresse à son concurrent républicain aux élections du conseil général pour le canton de Nocé (Orne), la lettre suivante :

Monsieur,

Comme je sais que pour combattre ma candidature IMPÉRIALISTE, opposée à votre candidature RÉPUBLICAINE, on recommence à colporter dans notre pays toutes les calomnies et tous les mensonges destinés à prouver que c'est l'Empire qui est cause de tous nos désastres, j'ai cru devoir établir dans une courte notice :

1° Que ce n'est pas l'Empereur qui a voulu la guerre ;

2° Que ce n'est pas la faute de l'Empereur si nous n'étions pas prêts ;

3° Que ce n'est pas à l'Empire qu'il faut faire remonter la responsabilité de la perte de deux provinces et des sommes énormes que la guerre nous a coûtées ;

4° Que Sedan est l'acte le plus généreux de la vie de Napoléon III.

J'ai l'honneur de vous envoyer cette notice en vous priant de la lire avec la plus scrupuleuse attention.

Ainsi que vous le verrez,

ce n'est pas par des mots, mais par des faits que je prouve ce que j'avance. Or, je vous mets au défi de contester la vérité d'un seul de ces faits, et je vous offre à cet égard :

Un pari de **25,000** FRANCS contre **25,000** SOUS au profit des pauvres de notre canton.

Et ce n'est pas seulement à vous, mais à tous les républicains de France que je propose ce pari.

Recevez, monsieur, l'assurance de mes sentiments distingués.

DUGUÉ DE LA FAUCONNERIE.

En même temps qu'il adresse cette lettre à son concurrent, M. Dugué de la Fauconnerie envoie à chacun de ses électeurs la brochure qu'on va lire.

A MES ÉLECTEURS [1]

—

On a osé vous dire que c'est l'Empereur qui a voulu la guerre.

Je réponds que c'est un mensonge.

Non, ce n'est pas l'Empereur, car il s'est séparé de M. Drouyn de Lhuys, son ancien ministre des affaires étrangères, parce qu'il voulait la guerre.

Ce n'est pas l'Empereur, car, quelque temps avant que la guerre éclatât, il avait proposé à la Prusse un désarmement réciproque.

Ce n'est pas l'Empereur, car, dans son discours au président du Corps législatif, il a dit, au moment de partir :

«Nous avons fait TOUT CE QUI DÉPENDAIT DE NOUS pour éviter la guerre, et je puis dire que c'est la nation tout entière qui, dans son IRRÉSISTIBLE ÉLAN, A DICTÉ NOTRE RÉSOLUTION. »

D'ailleurs vous n'avez, pour savoir quelle était à cet égard l'opinion générale, qu'à jeter les yeux sur les journaux, même les moins bien disposés pour l'Empire.

---

[1] Cette brochure se trouve dans nos bureaux, à la disposition de nos amis, au prix de 10 centimes pièce et de 8 francs le cent.

Voici, par exemple, ce que disait la *Liberté* :

« Nous n'avons cessé, depuis quelques jours, de réclamer la guerre.

» En notre âme et conscience, nous déclarons qu'en agissant ainsi, nous avons obéi au devoir que nous prescrivaient la *dignité* et l'*honneur* de la France. »

Voici ce que disait la *Presse* :

« Les cris de guerre qui retentissaient hier sur nos boulevards vont maintenant remplir la France et soutenir notre armée dans la lutte héroïque à laquelle nous provoque l'insolence de la Prusse. LES RÉSOLUTIONS DE GUERRE N'ÉMANENT PAS DU GOUVERNEMENT ; ELLES SORTENT DES ENTRAILLES DU PAYS. »

Voici ce que disait l'*Univers* :

« La guerre où nous entrons n'est pour la France ni l'œuvre d'un parti, ni *une aventure imposée par le souverain :* la nation s'y donne de plein cœur. »

Voici ce que disait le *Soir* :

« Ce n'est pas l'Empereur Napoléon III qui, de son chef, a déclaré la guerre actuelle ; C'EST NOUS QUI LUI AVONS FORCÉ LA MAIN. »

***

Voulez-vous une autre preuve que le gouvernement ne faisait que céder **au** sentiment général, hautement manifesté?... Voici ce que l'ambassadeur d'Angleterre écrivait à son gouvernement :

« L'excitation du public et l'irritation de l'armée sont telles qu'il devient douteux que le gouvernement français puisse résister au cri poussé pour la guerre. On sent qu'il sera obligé d'apaiser l'impatience de la nation en déclarant formellement son intention de tirer vengeance de la conduite de la Prusse. »

Ceux qui ont voulu la guerre ce sont les Prussiens, qui étaient prêts, et qui auraient fait naître une occasion, n'importe laquelle, si elle ne s'était pas offerte;

Ceux qui ont voulu la guerre ce sont les gens de l'opposition, qui, cherchant à tout prix un prétexte pour critiquer le gouvernement et pour tâcher de se faire une popularité en spéculant sur le patriotisme souvent aveugle des masses, parlaient sans cesse DE LA HONTE DE SA-

DOWA ET DE LA NECESSITÉ D'UNE RE-
VANCHE ;

Ceux qui ont voulu la guerre ce sont
les braillards de Paris qui ont hurlé la
Marseillaise et crié : « A Berlin ! » avant
même de savoir ce dont il s'agissait ;

*
* *

Ceux qui ont voulu la guerre, en un
mot, c'est tout le monde. et, si vous voulez
vous en convaincre, vous n'avez encore
qu'à jeter les yeux sur les journaux de
l'époque, même les plus notoirement
hostiles à la personne de l'Empereur et à
son gouvernement.

Voici, par exemple, ce que disait le *Rap-
pel*, journal de M. Victor Hugo, le même
qui aujourd'hui fait peser tout entière
sur l'Empereur la responsabilité de nos
désastres :

« Les Hohenzollern en sont venus à
ce point d'audace qu'ils osent méditer
la domination universelle, qu'ont vainement rêvée Charles Quint, Louis XIV,
Napoléon. Il ne leur suffit plus d'avoir
conquis l'Allemagne ; ils aspirent à do-
miner l'Europe ! Ce sera, pour notre
époque, une éternelle humiliation que
ce projet ait été, nous ne disons pas
entrepris, mais seulement conçu. »

Voici ce que disait le *Soir*, journal de .

M. Edmond About, qui ne perd jamais aujourd'hui une occasion de nous insulter :

« Quoi ! on permettrait à la Prusse d'installer un proconsul sur notre frontière d'Espagne ! Mais alors nous sommes trente-huit millions de prisonniers ! »

Voici ce que disait le *Gaulois*, qui faisait alors au gouvernement une opposition très ardente :

« S'il a plû à l'Empire *autoritaire* d'accepter Sadowa et de se consoler de l'affaire du Luxembourg, la France *libérale* ne saurait supporter qu'on la brave et qu'on la provoque impunément. Le gouvernement ne pourrait, *asns trahir la France*, supporter un jour de plus les insolences prussiennes. »

Voici ce que disait le *Figaro*, qui n'a jamais été accusé d'un grand attachement pour les choses et les hommes de l'Empire :

« La France peut exiger *plus que le désaveu* de la candidature du prince de Hohenzollern. Se voyant berné, trompé, joué par la Prusse, notre gouvernement *doit exiger des garanties.* Il peut compter sur le concours du pays. »

Voici ce que disait la *Liberté,* par la plume de M. de Girardin :

« Finissons-en ! La Prusse ne cédera que devant la peur. Prenons un parti *énergique*, le seul qui convienne à la France, et si la Prusse refuse de se battre, nous la contraindrons *à coups de crosses* de repasser le Rhin et de vider la rive gauche. »

Voici ce que disait l'*Univers* :

« Prétexte ou raison, l'occasion est bonne pour la guerre. La France ne peut laisser la Prusse s'*agrandir* davantage. Pour l'empêcher, il faut l'*amoindrir.* »

Et tous les journaux de toutes les nuances en disaient autant, et je défie que l'on m'en cite un qui ait tenu un autre langage, depuis les plus rouges jusqu'aux plus blancs.

***

Maintenant, messieurs, il y avait quelqu'un de moins enthousiaste que tout le monde et qui écoutait, triste et rêveur, toutes ces vantardises et ces provocations.

C'était l'Empereur, qui, tout en se sentant enhardi par l'opinion publique de manière à ne pas pouvoir lui résister, savait parfaitement que la Prusse était formidablement armée, et que, dès lors, la guerre offrait de grands périls.

A ceux qui douteraient, je recommande la lecture attentive de la proclamation de Napoléon III à l'armée.

La voici, et il est impossible de n'y pas reconnaître la trace des graves préoccupations et des inquiétudes du souverain.

« Soldats ! je vais me mettre à votre tête pour défendre l'*honneur* et le *salut* de la patrie.

» Vous allez combattre l'une *des meilleures armées de l'Europe...*

» La guerre qui commence sera *longue* et *pénible*.

» La France entière vous suit de ses vœux ardents, et l'univers a les yeux sur vous. De nos succès dépend le *sort de la liberté et de la civilisation*.

« Soldats ! que chacun fasse *son devoir*, et le Dieu des armées sera pour nous. »

**
* **

Non, ce n'est pas l'Empereur qui a voulu la guerre.

Atteint alors et très gravement de la maladie qui devait l'emporter, il ne voulait et ne pouvait vouloir que la paix.

Et d'ailleurs, on était au lendemain du plébiscite de 1870.

Bien naïfs en vérité, ou plutôt bien impudents tous ceux qui viennent nous dire que l'Empereur avait besoin à cette époque du prestige qu'aurait pu lui donner la victoire.

Comment ! est-ce que la force de l'Empire ne venait pas d'être affirmée par plus de 7 millions de suffrages, par vos votes, mes chers amis ?

Et c'est le moment que Napoléon III aurait choisi pour courir, de son plein gré, des aventures de guerre, alors qu'il souffrait, comme je viens de vous le rappeler, et que son fils, maintenant homme fait, n'était encore qu'un enfant, — et qu'il savait, lui l'Empereur, que nous n'étions pas prêts pour entrer en lutte avec la Prusse !

****

Non, nous n'étions pas prêts.

Et l'on vous dit que la faute en est à l'Empereur.

C'est encore là un mensonge.

Si nous n'étions pas prêts, la faute n'en est pas à l'Empereur qui, dès 1867, disait dans son discours à l'ouverture des Chambres :

« L'influence d'une nation dépend du

nombre d'hommes qu'elle peut mettre sous les armes. »

La faute n'en est pas non plus à ses ministres.

Voici ce que dit, dès 1868, à la Chambre, le maréchal Niel qui ne se lassait pas de réclamer l'organisation de la mobile :

« J'ai la conviction qu'avant peu vous aurez le plus grand regret d'avoir attaqué cette institution. »

Voici ce qu'il dit plus tard :

« Vous me rendez la tâche impossible. Quand j'ai accepté la mission que l'Empereur m'a confiée de réorganiser l'armée, mission dont je crois le succès assuré, comment pouvez-vous me refuser les choses que je regarde comme *nécessaires?*»

Et vous savez comment ce pauvre maréchal mourut à la peine, sans avoir même pu obtenir que l'on exerçât la mobile au tir du fusil et du canon, et aux différentes manœuvres.

Voici, d'un autre côté, ce que disait M. Rouher :

« La Prusse, en certains cas, peut

disposer de *treize cent mille* hommes. Sans doute la France, avec 800,000 bons soldats, peut résister à cette puissance militaire ; mais on ne doit pas perdre de vue qu'il y a une grande distance entre l'effectif nominal et l'effectif disponible. »

Enfin, voici ce que disaient les députés de la droite, comme le comte de La Tour, en suppliant l'opposition de voir clair :

« Il est nécessaire d'augmenter nos forces et d'avoir constamment les yeux sur la Prusse. Elle dispose de *onze cent mille hommes*. Il faut donc voter la loi, affronter, pour faire notre devoir de Français, les *rumeurs* du corps électoral dont nous *menacent* les journaux de l'opposition. »

Ceux qui ont été cause que nous n'étions pas prêts, ce sont les républicains, les députés de l'opposition. — Je voudrais pouvoir vous citer leurs discours tout entiers ; mais quelques extraits suffiront à vous prouver quel rôle fatal ont joué ces gens-là, qui ont aujourd'hui l'impudence d'accuser l'Empire d'imprévoyance et d'incurie.

Voici ce que dit M. Jules Simon, **un homme du 4 septembre**, et cela suffira à résumer tous ses discours :

« J'espère qu'on nous rendra *cette justice* que, *toutes les fois qu'il a été question d'organiser ce qu'on appelle la paix armée, on nous a trouvés en travers* de toutes les mesures proposées pour arriver à ce but. »

Voici ce que dit M. E. Picard, un homme du 4 septembre :

« On nous dit qu'il nous faut 800,000 hommes ! Depuis quand parle-t-on, en France, ce langage ? Depuis quand vient-on dire publiquement qu'il nous faut prendre de telles précautions, non-seulement pour défendre nos frontières, mais encore pour conserver notre indépendance ? Rien ne justifie ces armements *exagérés* qui écrasent le pays. »

Voici ce que dit M. Jules Favre, un homme du 4 septembre :

« On nous dit qu'il faut que la France soit armée comme ses voisins ; que sa sécurité est attachée à ce qu'elle soit *embastionnée, cuirassée* ; qu'elle ait dans ses magasins des monceaux de poudre et de mitraille ; que, sans cela, elle est exposée à périr. Ma *conscience* proteste contre de semblables propositions.

» Tout cela, c'est de l'ancienne politique ; c'est de la politique de haine ; ce n'est pas de la politique d'expansion, d'*abandon*. »

Et ailleurs, ne voulant pas que la nation s'organise pendant la paix pour la guerre, cet homme ajoute :

« Que craint-on, d'ailleurs ? Est-ce que les 40 millions d'Allemands songent à nous attaquer ? Pourquoi promener constamment, devant la Chambre, le vain fantôme d'une *chimère* qui n'aboutit à rien et ruine le pays ? »

Voici ce qu'a dit M. Garnier Pagès, un homme du 4 Septembre, en réponse au Message de l'Empereur qui demandait l'organisation de l'armée :

« L'influence d'une nation dépend de ses *principes !* Les armées, les rivières, les montagnes, les forteresses *ont fait leur temps*. La vraie frontière, c'est le *patriotisme*. »

Voici ce qu'a dit M. Magnin, un homme du 4 Septembre :

« Les armées permanentes, en théorie, sont jugées et condamnées. L'avenir appartient à la démocratie armée.... La loi que vous faites n'a pour but et n'aura pour résultat, que d'accroître ENCORE NOS FORCES et d'épuiser nos finances... Je repousse donc la loi parce qu'elle est une surcharge imposée à la nation ; je la repousse parce qu'elle est anti-démocratique , anti-égalitaire , et laissez-moi espérer que les mandataires du suffrage universel ne voteront pas une augmentation de charges aussi considérable. »

Voici ce qu'a dit M. de Kératry, toujours un homme du 4 septembre, quelques jours avant l'ouverture de la campagne, à propos de l'armée de ligne :

« Le ministre demande encore cette année 400 mille hommes qui coûteront 370 millions. C'est trop. Pourquoi une si grosse armée et une si forte dépense ? Evidemment en vue de la Confédération du Nord. Or, l'armée de la Confédération, y compris celle de la Prusse, se compose seulement de 299 *mille hommes*, coûtant à peine 254 *millions*, soit

100 mille hommes et 116 millions de moins que chez nous.

» On a réduit le recrutement de notre armée à 90,000 hommes, au lieu de 100,000 ; ce n'est pas assez. Il faut le réduire à 80 mille, pour revenir au contingent normal qui existait autrefois. »

***

Enfin, voici ce qu'a dit M. Thiers, qui a pourtant passé depuis pour un prophète :

« On vous présentait l'autre jour des chiffres de 1,200, de 1,300, de 1,500,000 hommes, comme étant ceux que les différentes puissances peuvent mettre sous les armes. Eh bien ! ces chiffres-là sont parfaitement chimériques... La Prusse, selon M. le ministre d'Etat, nous présenterait 1,300,000 hommes. Mais, je le demande, où a-t-on vu ces forces formidables ? La Prusse, combien d'hommes a-t-elle portés en Bohême, en 1866 ? 300,000 environ... C'est que, messieurs, il ne faut pas se fier à cette fantasmagorie de chiffres... ce sont là des fables qui n'ont jamais eu aucune espèce de réalité. (Approbation autour de l'orateur.) Donc, qu'on se rassure, notre armée suffira pour arrêter l'ennemi. Derrière elle, « le pays aura le temps de respirer » et d'organiser tranquillement ses réserves. « Est-ce que vous n'aurez pas toujours deux ou trois mois, c'est-à-dire plus qu'il ne vous en faudra pour organiser la garde nationale mobile et utiliser ainsi le zèle des populations ? D'ailleurs, les volontaires afflueront. Vous vous défiez beaucoup trop de votre pays... »

*
* *

Je pense, mes amis, qu'en voilà assez pour vous démontrer qui est-ce qui nous a empêchés d'être prêts, et qu'assurément ce n'est pas le gouvernement, puisqu'il ne s'est pas plus lassé de signaler les dangers et de demander des améliorations que l'opposition ne s'est lassée d'être aveugle, et de se refuser à tout ce qui pouvait être utile à la réorganisation de l'armée.

*
* *

Maintenant on vous dit que c'est à l'Empereur qu'il faut faire remonter la responsabilité de la perte de deux provinces et des sommes énormes que nous a coûtées la guerre.

C'est encore là une infâme calomnie.

Au 4 septembre 1870, rien n'était perdu.

Nous pouvions nous en tirer avec deux milliards d'indemnité. Ceci résulte des documents officiels eux-mêmes et spécialement de la déposition de M. Thiers devant la commission d'enquête.

Voici, en effet, ce que M. Thiers disait, le 30 octobre 1870, aux gens de la Défense nationale :

« Si j'ai un conseil à vous donner, acceptez l'armistice, même sans ravitaillement, afin de pouvoir convoquer une Assemblée sous le plus bref délai possible, et, à l'aide de cette Assemblée, d'arriver à traiter des conditions de la paix.

» Je ne crois pas que la situation du pays et des armées soit telle que la continuation de la lutte puisse amener un bon résultat. Aujourd'hui la paix vous coûtera l'Alsace et deux milliards; plus tard, indépendamment des maux et des souffrances de la guerre, la paix vous coûtera l'Alsace, la Lorraine et cinq milliards. » (*Enquête parlementaire sur les actes du gouvernement de la Défense nationale.* — Rapport Daru, p. 271.)

Et le 2 novembre, M. Thiers renouvelait cette même déclaration en disant à

M. Jules Favre, comme le relate encore le rapport de la commission d'enquête :

« Aujourd'hui, je crois que nous obtiendrions la paix aux conditions suivantes : L'ALSACE ET DEUX MILLIARDS. Plus tard, nous aurons à subir des *ruines nouvelles et plus considérables.* Les Allemands nous demanderont certainement L'ALSACE, LA LORRAINE ET CINQ MILLIARDS. Eh bien ! dans ces conditions, je crois qu'il est préférable d'accepter la paix maintenant. » — *Déposition du général Ducrot*, p. 12.

** **

A ce prix, on eût payé les folies des Jules Favre, Jules Simon et autres, qui ont jeté l'Empire dans la guerre après avoir poussé au désarmement du pays.

Mais cela n'aurait pas fait les affaires de Gambetta et de ses complices, qui voulaient avant tout le pouvoir et qui ont prolongé la lutte, en se tenant loin des champs de bataille, tout en sachant bien qu'elle ne pouvait mener qu'à une aggravation de nos défaites et de nos malheurs.

Par exemple, cela, croyaient-ils, faisait les affaires de la république.

Et c'est pourquoi ils ont envoyé vos enfants à la boucherie avec des souliers en carton, des tuniques en amadou et des fusils sans chiens, tandis qu'ils se prélassaient dans les préfectures et dans les bureaux d'intendance.

C'est là de l'histoire, et cette histoire, vous la connaissez aussi bien que moi ; vous l'avez vue, vous en avez souffert. — C'est de l'histoire républicaine.

***

Enfin, on ose vous dire que l'Empereur a été lâche à Sedan.

Pour réfuter cette misérable et odieuse invention, je me borne à transcrire ici un passage de la populaire brochure de M. F. Perron, intitulée : *Ils en ont menti!* Là encore ce sont des faits et non des mots que l'on oppose aux calomniateurs de Napoléon III.

« Malgré les instances de plusieurs gé-
» néraux qui le priaient de s'éloigner,
» l'Empereur voulut partager le sort de
» son armée : vaincre ou périr avec elle.

» Il se contenta de faire partir son fils,
» afin que si lui-même succombait, la
» France pût se rallier encore autour du
» rejeton de la seule dynastie qui soit res-
» tée populaire. »

« Tant qu'a duré cette lutte terrible,
» l'Empereur est demeuré au milieu de
» ses soldats, les encourageant de ses pa-
» roles et de son exemple, et demandant
» vainement, comme Napoléon Ier à Wa-
» terloo, la balle ou le boulet qui lui per-
» mettrait de ne pas survivre à sa dé-
» faite.

» Qu'on interroge les officiers et les
» soldats qui se sont trouvés à cette san-
» glante journée; tous diront que l'Em-
» pereur n'a cessé d'être au plus épais du
» danger, affrontant la mort avec ce cou-
» rage froid et calme qu'il avait montré à
» Magenta, à Solferino, et devant les
» balles, les bombes, les poignards des
» assassins.

» Plusieurs de ses aides de camp ont
» été frappés à ses côtés. Il fut même
» obligé, au moment où la mitraille fai-
» sait le plus de ravages autour de lui,
» d'ordonner aux officiers de sa suite de
» s'abriter dans un pli de terrain, tandis
» que lui restait seul, à cheval, au milieu
» de cet ouragan de fer.

» Ici encore les témoignages abondent.
» Citons d'abord celui du brave et loyal
» général Pajol, aide de camp de l'Empe-
» reur, qu'il n'a pas quitté un instant
» pendant toute la journée du 1er sep-
» tembre.

» C'est à cinq heures du matin qu'eut
» lieu la première attaque, du côté de
» Bazeille.

» Sous les feux de l'ennemi, l'Empe-
» reur arriva au milieu de cette belle
» division d'infanterie de marine, com-
» mandée par le général de Vassoigne ;
» le combat était vif, car la garde royale
» prussienne et un corps bavarois s'a-

» charnaient à l'attaque du village.
» Après être demeuré une demi heure
» au milieu de cette troupe, l'Empereur,
» voyant que les obus et les balles arri-
» vaient de tous les côtés à la fois, or-
» donna au groupe d'officiers qui l'ac-
» compagnait de rester auprès d'un ba-
» taillon de chasseurs à pied, qui, abrité
» derrière un mur, attendait le moment
» d'entrer en ligne.

« L'Empereur, délivré de son escorte,
» et voulant voir par lui-même les posi-
» tions, s'avança encore plus en avant,
» accompagné seulement de son aide de
» camp, qui était moi, de l'officier d'or-
» donnance, capitaine d'Hendecourt, qui
» fut tué, du premier écuyer, Davilliers,
» et du docteur Corvisart. Puis Sa Ma-
» jesté se dirigea sur un point culmi-
» nant où étaient les batteries du com-
» mandant Saint-Aulaire, et y demeura
» pendant près d'une heure au milieu
» d'une grêle de projectiles ennemis.

» Passons maintenant aux témoignages
des hommes les moins sympathiques à
l'Empire.
» Un officier supérieur, blessé à Sedan,

écrivait à son ami ces lignes publiées par le *Journal de Genève :*

« Je n'aime pas l'Empereur, mais
» j'aime encore moins la calomnie. Il
» s'est *bien montré*, et s'il n'a pas *été*
» *tué, ce n'est pas l'envie qui lui en a*
» *manqué.*

» Nos chefs ont été des maladroits,
» nos soldats des fous et des indiscipli-
» nés ; mais *personne n'a été lâche.* Je le
» dis très haut pour l'honneur de la
» France. On ne sert pas une bonne
» cause en *mentant.* Sedan est une fau-
» te, un grand malheur ; mais une
« *honte* ! jamais ! Dites-le partout et à
» tous. »

« A ce témoignage qu'on ne saurait ré-
cuser, ajoutons celui des journalistes qui
» suivaient l'armée.
» Le correspondant du journal *le Temps*
» lui écrit :

« L'Empereur a *voulu mourir.* Le fait
» est maintenant avéré. La mort a passé
» près de lui comme près de Ney sur le
» plateau de Mont-Saint-Jean, quand
» les boulets qu'il appelait s'obstinaient
» à l'épargner. »

« Le correspondant du *Times*, journal

» anglais, raconte qu'à la bataille de Se-
» dan, « l'Empereur a fait preuve du *plus*
» *grand courage;* il a *en vain cherché la*
» *mort.* Un obus est venu tomber sous les
» pieds de son cheval. »

« Le *Journal officiel* de Berlin, du 8 sep-
» tembre, dit que, « d'après des témoi-
» gnages oculaires, à la bataille de Sedan,
» l'Empereur Napoléon s'est exposé à un
» tel point, que *son intention de se faire tuer*
» *était évidente.* »

« Enfin, dans la lettre du publiciste al-
lemand au *Standard,* nous lisons :

« ... L'opposition a déclaré que la ca-
» pitulation de Sedan avait été un acte
» de lâcheté de l'Empereur, et ce *men-*
» *songe,* accepté sans examen, fut une
» des bases de la République nouvelle.
» Cependant, personne ne l'ignore au-
» jourd'hui, le courage froid de l'Empe-
» reur ne l'a pas abandonné dans cette
» terrible journée où croulait toute sa
» puissance. Pendant plusieurs heures,
» il s'est exposé au feu le plus violent,
» s'offrant ainsi à la mort. Il n'a pas
» voulu le suicide, soit ; c'est le refuge
» facile des orgueilleux et des égoïstes ;
» mais quand il a dit : *Je n'ai pu me*
» *faire tuer à la tête de mes soldats...* il a
» dit simplement une chose vraie. »

« En fait de courage, nous ne connais-
» sons pas de meilleur juge que le soldat
» français. Voici ce que nous racontait un
» sergent du 74e:

« Au plus fort de la bataille, l'Empe-
» reur aperçoit une batterie de mitrail-
» leuses sur laquelle les Prussiens fai-
» saient pleuvoir les obus et les balles; les
» premiers servants, tués ou blessés,
» avaient été remplacés par des soldats de
» toutes armes. L'Empereur s'approche,
» met pied à terre, commande la manœu-
» vre et pointe lui-même une des pièces,
» en nous disant : « Courage, mes en-
» fants, encore un effort; c'est pour la
» France ! »

« Cela je l'ai vu, je l'ai entendu, car
» j'y étais ! »

« Le même fait est confirmé par le té-
» moignage du colonel anglais Forbes,
» qui a suivi toute la campagne.
» Entraîné, avec l'armée vaincue, dans
» cette *souricière* de Sedan, comme l'ap-
» pelle le général Lebrun, l'Empereur y
» conserve l'intrépidité calme qui ne l'a-
» vait point abandonné pendant la lutte.
» Le même correspondant du *Temps* cite
» le fait suivant :

« En passant auprès de notre café,

» un obus avait éclaté à deux pas de
» son cheval ; pas un muscle de ce mas-
» que étrange n'avait bougé. Il se con-
» tenta de réprimer, d'un geste, les
» acclamations qui l'accueillaient en-
» core. »

«Un fait analogue est raconté par un té-
» moin dans le *Paris Journal* :

« Celui qui fut Napoléon III est assis
» sur un pliant et parle à ses officiers.
» Une bombe tombe à côté d'eux et se
» mêle à la conversation. Les officiers,
» involontairement, font un pas en ar-
» rière. L'*autre* ne bouge pas et conti-
» nue tranquillement l'entretien. »

« Les arts ont immortalisé la figure se-
» reine de Napoléon Ier, continuant d'ob-
» server, avec sa lunette, les mouvements
» de l'ennemi, pendant qu'un obus éclate
» entre les jambes de son cheval et l'en-
» veloppe de fer et de fumée.

» Dans une circonstance semblable, le
» neveu s'e t montré digne de l'oncle.

» Pourquoi sont-ils jugés d'une manière
si différente ?

» C'est que l'un est dans les mains de
» l'histoire, c'est-à-dire de la vérité, tan-
» dis que l'autre se trouve encore entre
» les mains de ceux qui ont intérêt à le
» calomnier.

» Heureusement leur règne va finir,
» celui de la vérité aura bientôt son
» tour.

» Si jamais accusation devait épargner

» Napoléon III, c'est incontestablement
» celle de manquer de courage.

» Les perturbateurs du repos public le
» connaissaient mieux. Tous s'accordaient
» à dire que, tant qu'il serait au pouvoir,
» aucune révolution n'était possible,
» parce qu'il se ferait tuer plutôt que de
» céder. Aussi leur règne et celui de la
» Commune n'ont-ils pu s'établir qu'après
» sa chute.

» Qui ne sait avec quelle impassibilité
» il a reçu, à bout portant, les coups de
» pistolet de Pianori et l'épouvantable
» explosion des bombes d'Orsini ?

» Loin de fuir le péril, il l'affrontait,
» au contraire, avec ce superbe dédain
» qui faisait trembler son entourage ; et
» quand ses amis essayaient de l'engager
» à la prudence, il se contentait de répon-
» dre : « Rassurez-vous. Je ne suis qu'un
» instrument dans la main de la Provi-
» dence. Tant qu'elle me croira utile à
» l'exécution de ses desseins, elle saura
» bien me préserver. Je ne tomberai que
» le jour où ma tâche sera remplie. Mais
» alors, que m'importe ? »

« Voilà pourtant l'homme que ceux de
» la prétendue défense nationale ont osé
» appeler : *le lâche de Sedan* !

« Qu'auraient fait, à sa place, et le ci-
» toyen Jules Favre, qui ne sait que pleu-
» rer devant l'ennemi, et le brave J. Si-
» mon, qui cache ses fils dans les bureaux
» pendant qu'il envoie au feu ceux des
» autres, et le généralissime Gambetta,
» qui se sauve d'Orléans quand il apprend

» qu'on s'y bat, et l'intrépide Rochefort,
» qui s'évanouit à un enterrement, et
» tous ces gouvernants du 4 septembre,
» qui n'ont que la fuite à opposr à l'é-
» meute, et tous ces lâches instigateurs
» des crimes de la Commune, qui se sont
» réfugiés à l'étranger en abandonnant
» leurs victimes à la vindicte des lois?

» Depuis quand la couardise a-t-elle le
» droit d'insulter la bravoure? »

***

Tout ce qu'on vient de lire est-il clair,
évident et ne suffit-il pas à démontrer
une fois de plus l'impudence des républicains?

Il ne me serait pas plus difficile de
prouver, pièces en mains, ce qu'a toujours été la république, comment elle n'a
profité jamais, en haut du gouvernement,
qu'aux intrigants, aux bavards; en bas,
dans nos communes, qu'aux ivrognes,
aux fainéants, aux gens en mauvaises affaires ; comment les fonds publics, par
exemple, qui sont le thermomètre de la con-
fiance publique, ont toujours baissé quand
la république était en hausse et monté
quand la république baissait, et comment
enfin, si cette fois-ci les affaires dans nos
campagnes n'ont pas été jusqu'à présent
trop troublées, c'est d'abord que la guerre
avait créé, sous le rapport de la marchan-
dise, des besoins considérables auxquels
il fallait satisfaire, et des vides énormes
qu'il fallait bien combler, et ensuite que
nous n'avons de la république que le
nom, étant gouvernés par des hommes qui

tous, à commencer par M. de Mac-Mahon, n'ont jamais été connus comme des républicains.

*
* *

Mais ce n'est pas là ce dont il s'agit; ce que j'ai voulu surtout prouver, c'est que :

C'ÉTAIT UN MENSONGE DE DIRE QUE L'EMPEREUR AIT VOULU LA GUERRE;

UN AUTRE MENSONGE DE DIRE QUE C'ÉTAIT LA FAUTE DE L'EMPEREUR SI NOUS N'ÉTIONS PAS PRÊTS;

UN TROISIÈME MENSONGE DE PRÉTENDRE QUE C'EST L'EMPEREUR QUI AIT PERDU L'ALSACE, LA LORRAINE ET NOS MILLIARDS;

UN QUATRIÈME MENSONGE, ENFIN, D'OSER DIRE QUE L'EMPEREUR, EN RENDANT A SEDAN SON ÉPÉE AU ROI DE PRUSSE, POUR ÉPARGNER LA VIE DE 80,000 SOLDATS QUI ALLAIENT MOURIR, N'A PAS FAIT UNE GRANDE ET BONNE ACTION.

*
* *

Fidèle à l'engagement que j'avais pris en commençant, je me suis borné à énumérer des faits.

Ces faits sont-ils vrais? Je le répète, je mets au défi mon concurrent et ses amis d'établir qu'il y en ait un seul qui ne soit pas parfaitement exact, et je leur offre à tous à cet égard un PARI DE 25,000 FR. CONTRE 25,000 SOUS AU PROFIT DES PAUVRES DU CANTON.

DUGUÉ DE LA FAUCONNERIE.

www.ingramcontent.com/pod-product-compliance
Lightning Source LLC
Chambersburg PA
CBHW061753060726
47597CB00007B/2916